그림형제 동화로

한번에 키우기

2

예비 초등

책장속
BOOKS

예비 초등 문해력 향상 프로그램
(그림형제 동화로) **한 번에 키우기 2**

초판 1쇄 발행 2022년 9월 5일

집 필 신효원
펴낸이 신호정
펴낸곳 책장속북스
신고번호 제 2020-000111호
주소 서울시 송파구 양재대로 71길 16-28 원당빌딩 4층
대표전화 02)2088-2887 **| 팩스** 02)6008-9050
인스타그램 @langlab_kiz **| 블로그** blog.naver.com/langlab_kiz
이메일 chaeg_jang@naver.com

기 획 & 개 발 어린이언어연구소
편 집 전유림 **| 웹마케팅** 이혜연
삽 화 김은진 **| 디자인** 이지숙

ISBN 979-11-91836-10-3
SET 979-11-972489-0-0(세트)

머리말

언어로 생각하고 표현할 수 있는 힘을 키워 줄 때입니다

국어 능력이 그 어느 때보다 강조되는 요즘입니다. 글을 읽을 수는 있으나 그 의미를 파악하기 어려워하는 아이들이 늘어 가고, 생각을 언어로 표현할 줄 아는 능력은 소수의 아이들만이 향유한 영역이 되어 가고 있기 때문입니다.

국어 능력의 밑바탕에는 생각할 줄 아는 힘이 있어야 합니다. 생각하며 글을 읽고 그 생각을 표현해 보는 과정이 반복될 때 아이들의 국어 능력은 비로소 성장합니다. 이러한 과정을 꾸준히 거친 아이들은 글의 수준이 높아져도, 글의 길이가 길어져도 글의 맥락을 무리 없이 파악하고 내용과 어휘를 유추할 수 있으며 자기 생각을 표현할 수 있게 됩니다.

이 책은 '유아기 아이들의 국어 능력을 어떻게 하면 건강하고 탄탄하게 키워 줄 수 있을까?'에 대한 고민에서 출발했습니다. 짧은 글을 읽고 단편적인 문제를 기계적으로 풀어 보는 과정은 아이들의 국어 능력 향상에 도움이 되지 않습니다. 그렇기에 이야기를 읽으며 이런저런 생각 주머니를 꺼내 보고 인물의 감정을 추측해 보고 자기 생각을 표현해 보는 과정을 이 책에 담아내고자 노력했습니다.

한키는 하나의 이야기를 이렇게 읽어 달라는 당부가 들어 있는 책입니다. **한키**를 통해 유아기 아이들이 바람직한 읽기 과정을 연습하고 그것을 습관화할 수 있게 되기를, 언어를 바탕으로 다양한 생각을 한 번이라도 더 해 보는 기회를 가질 수 있기를 기대합니다.

국어 능력은 '생각'이라는 밑거름을 바탕으로 글의 이해와 유추, 표현의 과정이 유기적으로 이루어져야 향상됩니다. **한키**를 통해 아이들이 우리말로 생각하고 추측하고 우리말을 자유자재로 사용해 볼 수 있는 출발점을 마련할 수 있었으면 좋겠습니다. 우리 아이들의 국어 능력이 건강하게 커나갈 수 있기를 간절히 바랍니다.

저자 신효원

저자 소개
현 어린이언어연구소 소장
이화여자대학교 국어국문학
이화여자대학교 국제대학원 한국학 석사
이화여자대학교 국제대학원 한국학 박사 수료

입학 전 바로 하는 〈한 번에 키우기〉

🥁 이제는 언어로 생각하는 연습을 시작할 때입니다

국어 능력은 생각하는 힘에서 출발합니다. 유아기부터 생각 주머니를 자유롭게 열어 볼 수 있는 언어 자극이 수시로 제공되어야 아이들은 언어로 생각하고 읽고 표현하는 힘을 기를 수 있습니다. 유아기부터 언어로 생각하는 습관을 잡을 수 있도록 도와주세요.

🥁 정해진 답안이 없는 문제를 자주 만나게 해 주세요

아이들의 국어 학습은 '정해진 답안이 없는 문제를 통해 자기만의 생각을 꺼내 보는 것'으로부터 시작되어야 합니다. 즉, 아이들이 흥미를 가지는 이야기를 '부담 없이 읽고' 그에 대해 '자유롭게 생각'하며 그것을 '거침없이 표현'하는 데에서 국어 능력은 발전합니다. 그렇기에 이야기를 어떠한 방식으로 해석하고 표현하는지에 따라 향후 아이들의 국어 실력은 천차만별이 되지요.

아이들의 이러한 능력을 키워 주기 위해서는 '쉽고 재미있는 이야기'와 '그것을 활용한 다양한 유형의 놀이 혹은 문제'가 우선되어야 합니다.

🥘 그래서 〈한 번에 키우기〉는 준비했습니다!

첫째,

아이들이 좋아하는 〈그림형제 동화〉를 지문으로 준비했습니다. 특히, 그림형제의 명작 동화 중 아이들의 호기심을 불러일으킬 4가지 이야기를 선정했습니다. 초등학교 입학을 앞둔 우리 아이들은 '빨간 모자', '개구리 왕자', '영리한 재단사', '백조 왕자' 이야기를 통해 국어 공부에 대한 거부감 없이 국어 학습을 시작할 수 있습니다.

추가로 생동감 넘치는 삽화가 수록되어 있어 이야기의 흐름을 파악하기 쉬울뿐더러, 이어질 내용을 상상해 볼 수 있습니다. 아이들의 흥미를 자극하는 '재미있는 글 읽기'가 이루어지길 기대합니다.

둘째,

이야기를 읽으며 그 안에서 사고, 어휘, 독해, 표현 4가지 영역의 능력을 통합적으로 향상할 수 있는 장치를 준비했습니다. 〈한 번에 키우기〉 시리즈만의 4가지 유형으로 구성된 통합 국어 학습프로그램입니다.

사고 + **어휘** + **독해** + **표현**

사고	어휘	독해	표현
● 등장인물의 생각과 감정을 짐작해요	● 이야기 속 다양한 어휘를 만나요	● 이야기를 읽고 글의 맥락을 제대로 파악해요	● 나만의 해석을 글·그림으로 자유롭게 표현해요
● 이야기와 관련된 질문 활동을 통해 생각을 확장해요	● 배운 어휘를 상황에 맞추어 적용해요	● 글의 흐름을 이해하며 책 읽기의 즐거움에 빠져요	● 이야기를 읽고 생각을 자유롭게 주고받아요

〈한 번에 키우기〉의 구성 & 활용법

- 〈그림형제 동화로 한 번에 키우기 2〉에는 총 4편의 그림형제 동화 전문이 지문으로 담겼습니다.
- 아이들은 한 주차(5일 분량)마다 1편의 이야기를 읽고 관련 문제를 풀어 보는 시간을 가집니다.
- 학습 과정은 총 4주(20일 분량)에 걸쳐 완료됩니다.

PART 1. 생각하며 준비해요

이야기를 읽기 전, 이야기의 내용을 짐작하고 생각을 나누어 보는 단계입니다.

> 핵심 단어나 어구를 사용해 아이가 짧은 문장을 말하게 해도 좋아요!

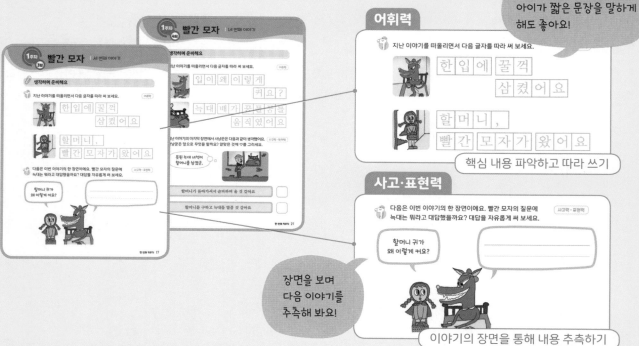

어휘력

핵심 내용 파악하고 따라 쓰기

사고·표현력

> 장면을 보며 다음 이야기를 추측해 봐요!

이야기의 장면을 통해 내용 추측하기

PART 2. 생생하게 읽어봐요

그림형제의 4가지 명작 〈빨간 모자〉, 〈개구리 왕자〉, 〈영리한 재단사〉, 〈백조 왕자〉의 전문을 읽는 단계입니다.

> 부모와 아이가 함께 소리 내어 읽어 보면 더 좋아요!

늘대는 빨간 모자 옆에 찰싹 달라붙어 계속 말을 걸었어요.
"꽃들이 너무 예쁘지 않니? 할머니도 꽃을 좋아하실 텐데 말이야!"
"그러게요! 할머니께 꽃을 가져다 드려야겠어요!"
빨간 모자는 알록달록한 꽃들 사이로 팔랑팔랑 뛰어다녔어요.
늘대는 그 틈에 후다닥 할머니 집으로 향했어
잠시 뒤, 할머니 집에 간 늘대가 문을 똑똑

> 순간을 생생하게 담은 동화 삽화를 통해 나만의 장면을 그려 봐요!

> 소리나 모양을 흉내 내는 의성어·의태어를 강조해 더욱 생동감 있게 읽어요!

PART 3. 재미있게 풀어요

이야기를 읽은 후 내용과 관련된 다양한 문제를 통해 사고력·어휘력·독해력·표현력 등의 통합 국어 능력을 키웁니다.

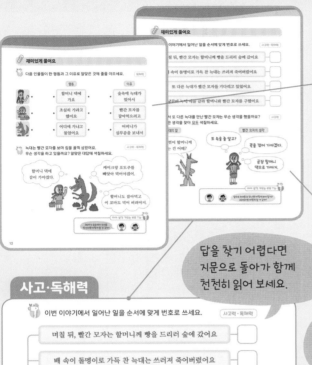

'누가, 언제, 무엇을, 어디서, 어떻게, 왜' 했을까요? 아이가 부가 정보를 떠올려 보게끔 해 주세요!

원인과 결과 파악하기

답을 찾기 어렵다면 지문으로 돌아가 함께 천천히 읽어 보세요.

등장인물의 감정과 생각 이해하기

아이의 상황에 그대로 적용해 공감, 상상하게 해도 좋아요!

사고·독해력

이야기의 흐름 파악하기

· 세부 정보 파악하기
· 이야기의 장면 상상하기
· 자유롭게 생각하고 표현하기 등
※ 그 외 다양한 문제로 구성되어 있습니다.

아이 생각 키우는 부모 TIP

아이가 아닌 '부모'를 위한 가이드입니다!

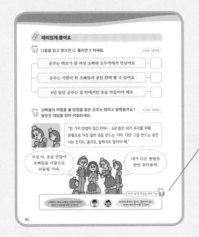

아이 생각 키우는 부모 Tip

사랑하는 형제, 자매와 하루에 15분만 만날 수 있다면 어떨 것 같아?

OO이는 웃지도, 울지도, 말하지도 않고 지내야 한다면 어떨 것 같아?

이야기의 중심 내용과 관련된 일상의 질문을 아이에게 가볍게 던져 주세요. 아이와 생각을 주고받으며 서로의 생각의 틀을 넓힐 수 있어요.

차례

빨간 모자 | 첫 번째 이야기

 생각하며 준비해요

 그림에 알맞은 단어를 찾아 줄을 긋고 따라 쓰세요. (어휘력)

 •

• 빨간 모자

 •

• 말을 걸었어요

 부모님의 심부름을 해본 적이 있어요? (사고력·표현력)
언제, 무슨 심부름을 했어요? 그때 기분이 어땠어요?

 언제?

 무슨 심부름?

 어떤 기분?

작고 귀여운 한 소녀가 있었어요. 소녀는 늘 할머니가 선물해 준 빨간 모자를 쓰고 다녔어요. 사람들은 소녀를 '빨간 모자'라고 불렀지요.

어느 날, 소녀의 어머니가 소녀에게 심부름을 시켰어요.

"애야, 숲속 할머니 댁에 가서 케이크와 포도주를 드리고 오렴."

어머니는 빨간 모자의 손을 꼭 잡으며 다시금 말했어요.

"숲속에는 못된 늑대가 있으니, 다른 길로 새지 말고 곧장 할머니 댁으로 가야 해."

"네, 엄마! 걱정하지 마세요."

　　빨간 모자가 숲속 길을 걷고 있을 때였어요. 늑대가 슬그머니 나타나더니 빨간 모자에게 말을 걸었어요.

　　"안녕, 빨간 모자야? 어디 가는 거니? 바구니에 든 건 뭐야?"

　　"할머니 댁에 가는 길이에요. 케이크랑 포도주를 드려야 하거든요."

　　"그렇구나! 할머니는 어디 사시는데?"

　　"참나무 아래 집이요! 조금만 더 가면 나와요."

　　늑대는 빨간 모자를 보며 침을 꼴깍 삼켰어요.

재미있게 풀어요

 다음 인물들이 한 행동과 그 이유로 알맞은 것에 줄을 이으세요.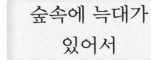

행동 이유

 • • 할머니 댁에
가요 • • 숲속에 늑대가
있어서

 • • 조심히 가라고
했어요 • • 빨간 모자를
잡아먹으려고

 • • 어디에 가냐고
물었어요 • • 어머니가
심부름을 보내서

 늑대는 빨간 모자를 보며 침을 꿀꺽 삼켰어요. 사고력·독해력
무슨 생각을 하고 있을까요? 알맞은 대답에 색칠하세요.

할머니 댁에
같이 가야겠다.

케이크랑 포도주를
다 같이 나눠 먹고 싶다!

할머니도 잡아먹고
이 꼬마도 먹어 버려야지.

아이 생각 키우는 부모 Tip

OO이가 숲속에서 늑대를
만난다면 어떻게 할 것 같아?

빨간 모자 | 두 번째 이야기

📎 생각하며 준비해요

 지난 이야기를 떠올리면서 다음 글자를 따라 써 보세요. [어휘력]

할	머	니	댁	에

가	는	길	이	에	요

침	을	꼴	깍

삼	켰	어	요

 다음은 이번 이야기의 시작 장면이에요.
어떤 이야기가 펼쳐질까요? 알맞은 대답을 골라 보세요. [사고력·독해력]

늑대는 빨간 모자 옆에 찰싹 달라붙어 계속 말을 걸었어요.
"꽃들이 너무 예쁘지 않니? 할머니도 꽃을 좋아하실 텐데 말이야!"

빨간 모자는 늑대의 말을 듣고
(도망칠 것 같아요 | 할머니께 드릴 꽃을 꺾을 것 같아요).

늑대는 할머니 댁에 (빨간 모자 몰래 | 빨간 모자와 같이) 갈 것 같아요.

늑대는 빨간 모자 옆에 찰싹 달라붙어 계속 말을 걸었어요.

"꽃들이 너무 예쁘지 않니? 할머니도 꽃을 좋아하실 텐데 말이야!"

"그러게요! 할머니께 꽃을 가져다 드려야겠어요!"

빨간 모자는 알록달록한 꽃들 사이로 팔랑팔랑 뛰어다녔어요. 늑대는 그 틈에 후다닥 할머니 집으로 향했어요.

잠시 뒤, 할머니 집에 간 늑대가 문을 똑똑 두드렸어요.

"할머니, 빨간 모자예요! 케이크와 포도주를 가져왔어요!"

"빨간 모자구나! 문을 열고 들어오련? 힘이 없어 못 일어나겠구나."

　　늑대는 조심조심 안으로 들어왔어요. 그리고 침대에 누워 있는 할머니를 한입에 꿀꺽 삼켜 버렸어요.

　　늑대는 얼른 할머니의 잠옷을 입고 할머니의 모자를 썼어요. 그리고 방 안의 커튼을 친 뒤 침대에 누웠어요.

　　조금 뒤, '똑똑!' 하고 문을 두드리는 소리가 났어요.

　　"할머니, 빨간 모자가 왔어요!"

　　"문이 열려 있단다. 어서 들어오렴."

재미있게 풀어요

 다음의 말과 어울리는 말에 줄을 그으세요.

찰싹 •　　　　　　　　　　　　• 달라붙었어요

후다닥 •　　　　　　　　　　• 삼켰어요

꿀꺽 •　　　　　　　　　　　• 집으로 향했어요

 늑대는 할머니의 잠옷을 입고 모자를 쓰고선 침대에 누웠어요.
늑대는 무슨 생각을 했을까요? 알맞은 대답에 <u>모두</u> 색칠하세요.

빨간 모자도
잡아먹어야지.

내가 할머니인 줄
알겠지?

빨간 모자가
슬퍼하겠지?

설마 꽃을
안 가져오는 건
아니겠지?

아이 생각 키우는 부모 Tip

 빨간 모자는
앞으로 어떻게 될까?

 생각하며 준비해요

 지난 이야기를 떠올리면서 다음 글자를 따라 써 보세요. (어휘력)

한 입에 꿀꺽
삼켰어요

할머니,
빨간 모자가 왔어요

 다음은 이번 이야기의 한 장면이에요. 빨간 모자의 질문에 (사고력 · 표현력)
늑대는 뭐라고 대답했을까요? 대답을 자유롭게 써 보세요.

할머니 귀가
왜 이렇게 커요?

집 안에 들어온 빨간 모자는 무언가 이상했어요. 방 안이 어두컴컴해서 할머니 얼굴이 잘 보이지 않았거든요.

"할머니 귀가 왜 이렇게 커요?"

"귀가 커야 네 말을 더 잘 들을 수 있지."

"할머니 손은 왜 이렇게 커요?"

"손이 커야 널 더 잘 잡을 수 있지."

"…그럼 할머니 입은 왜 이렇게 커요?"

"그래야 널 한입에 꿀꺽 삼킬 테니까!"

그 순간, 늑대가 벌떡 일어나 빨간 모자를 한입에 꿀꺽 삼켜 버렸어요.

배가 부른 늑대는 이제 잠이 솔솔 왔어요. 늑대는 곧 드르
렁드르렁 코를 골기 시작했어요.

때마침 지나가던 사냥꾼이 그 소리를 듣게 되었어요.

'어, 이상한데? 할머니께서 이렇게 크게 코를 고신다고?'

사냥꾼이 집 안에 조심스레 들어가 보자, 침대 위에 누워
있는 늑대 한 마리가 보였어요.

'못된 늑대 녀석이 할머니를 삼킨 것 같군.'

그런데 그때, 늑대의 배가 꿈틀꿈틀 움직였어요.

재미있게 풀어요

 빨간 모자와 사냥꾼은 무엇을 했어요? 왜 했어요?
알맞은 대답을 찾아 체크하세요.

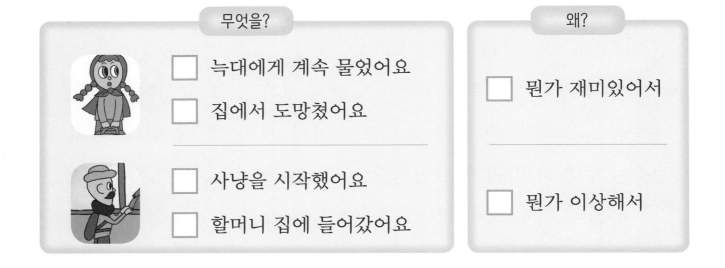

무엇을?

☐ 늑대에게 계속 물었어요
☐ 집에서 도망쳤어요

☐ 사냥을 시작했어요
☐ 할머니 집에 들어갔어요

왜?

☐ 뭔가 재미있어서

☐ 뭔가 이상해서

 사냥꾼의 다음 말을 읽고 무엇을 추측해 볼 수 있어요?
알맞은 대답을 찾아 색칠하세요.

사고력 · 독해력

"못된 늑대 녀석이 할머니를 삼킨 것 같군."
그런데 그때, 늑대의 배가 꿈틀꿈틀 움직였어요.

늑대가 사냥꾼도
꿀꺽 삼킬 거예요

늑대 배 속에
할머니가
살아계실 거예요

아이 생각 키우는 부모 Tip

사냥꾼은 이제
어떻게 할 것 같아?

20

빨간 모자 | 네 번째 이야기

 생각하며 준비해요

 지난 이야기를 떠올리면서 다음 글자를 따라 써 보세요. (어휘력)

| 입 | 이 | 왜 | 이 | 렇 | 게 |
| 커 | 요 | ? |

| 늘 | 대 | 배 | 가 | 꿈 | 틀 | 꿈 | 틀 |
| 움 | 직 | 였 | 어 | 요 |

 지난 이야기의 마지막 장면에서 사냥꾼은 다음과 같이 생각했어요. (사고력·독해력)
사냥꾼은 앞으로 무엇을 할까요? 알맞은 것에 ♡를 그리세요.

> 못된 늘대 녀석이
> 할머니를 삼켰군.

할머니가 돌아가셔서 슬퍼하며 울 것 같아요 ☐

할머니를 구하고 늘대를 벌줄 것 같아요 ☐

사냥꾼은 가위로 늑대의 배를 살살 가르기 시작했어요. 그러자 그 안에서 빨간 모자와 할머니가 쑥쑥 튀어나왔어요.

　　"아저씨, 감사합니다! 늑대 배 속은 너무 깜깜해서 무서웠어요."

　　사냥꾼은 커다란 돌멩이들을 가져와 늑대의 배 속에 넣고, 실로 꿰매었어요.

　　잠에서 깬 늑대는 배 속에 든 무거운 돌멩이 때문에 이리저리 비틀거렸어요. 늑대는 결국 땅바닥에 푹 쓰러져 그대로 죽어 버렸어요.

　며칠 뒤, 빨간 모자는 할머니께 드릴 따끈한 빵을 가지고 또다시 숲속에 갔어요. 그런데 이번에는 또 다른 늑대가 빨간 모자를 기다리고 있는 게 아니겠어요?

　"빨간 모자야, 할머니께 가니? 저쪽에 예쁜 꽃이 있는데, 꽃을 꺾어 할머니께 드리는 건 어때?"

　빨간 모자는 늑대의 말을 듣지 않고 곧바로 할머니 댁으로 갔어요.

　"할머니! 오늘도 또 늑대를 만났어요."

　"또 늑대를 만났구나? 이번에는 문을 꼭 잠가 두자꾸나."

재미있게 풀어요

 이번 이야기에서 일어난 일을 순서에 맞게 번호로 쓰세요.

며칠 뒤, 빨간 모자는 할머니께 빵을 드리러 숲에 갔어요 ☐

배 속이 돌멩이로 가득 찬 늑대는 쓰러져 죽어 버렸어요 ☐

또 다른 늑대가 빨간 모자를 기다리고 있었어요 ☐

사냥꾼이 늑대 배를 갈라 할머니와 빨간 모자를 구했어요 ☐

 숲에서 또 다른 늑대를 만난 빨간 모자는 무슨 생각을 했을까요? 알맞은 생각을 찾아 <u>모두</u> 색칠하세요.

늑대의 말

저 꽃을 꺾어 할머니께 드리는 건 어때?

빨간 모자의 생각

또 속을 줄 알고?

꽃을 꺾어 가야겠다.

곧장 할머니 댁으로 가야지.

아이 생각 키우는 부모 Tip

  앞으로 늑대를 또 만나면 어떻게 해야 할까? ○○이라면 어떻게 할 거 같아?

1주차 5일 빨간 모자 | 다섯 번째 이야기

 생각하며 준비해요

 지난 이야기를 떠올리면서 다음 글자를 따라 써 보세요. （어휘력）

돌	멩	이	때	문	에
		비	틀	거	렸	어	요

또	늑	대	를	만	났	어	요

 지난 〈빨간 모자〉 이야기를 기억해 보고 순서에 맞는 번호를 쓰세요. （사고력·독해력）

얼마 지나지 않아 늑대가 문을 똑똑 두드리는 소리가 났어요.

"할머니, 빨간 모자예요! 따끈한 빵을 가지고 왔어요."

빨간 모자와 할머니는 아무 대답도 하지 않았어요. 그러자 늑대는 지붕 위로 훌쩍 올라갔어요.

'빨간 모자가 집에 돌아갈 때 확 잡아먹어 버려야겠군.'

그때, 할머니에게 좋은 생각이 떠올랐어요.

"빨간 모자야, 소시지를 끓인 뜨거운 물이 있단다. 그 물을 밖에 두자꾸나."

　　빨간 모자는 소시지를 펄펄 끓인 물을 밖으로 내놓았어요. 고소한 소시지 냄새가 퍼지자, 늑대는 콧구멍을 벌름거렸어요.

　　"뭐지? 이 맛있는 냄새는?"

　　늑대는 킁킁거리며 점점 아래쪽으로 내려갔어요. 그런데 그때였어요.

　　"으악!"

　　발이 미끄러진 늑대가 지붕에서 떨어져 끓는 물에 풍덩! 빠지고 말았어요. 늑대는 끝내 물속에서 나오지 못했고, 빨간 모자는 안심하고 집으로 돌아갈 수 있었어요.

재미있게 풀어요

 늘대가 지붕 위로 올라간 이유가 뭐예요?
알맞은 답에 ☆을 그리세요.

사고력 · 독해력

할머니 몰래 소시지를 훔쳐 먹으려고 ☐

숨어 있다가 빨간 모자를 나중에 잡아먹으려고 ☐

빨간 모자가 대답할 때까지 기다리려고 ☐

 다음을 읽고 맞으면 O, 틀리면 X 하세요

독해력

빨간 모자는 문을 두드렸지만 아무도 대답하지 않았어요 ☐

할머니는 늑대를 물리칠 좋은 방법을 생각해 냈어요 ☐

끓는 물에 빠져 혼쭐이 난 늑대는 화가 나 돌아갔어요 ☐

아이 생각 키우는 부모 Tip

OO이는 어떨 때
안심된다는 느낌이 들어?

개구리 왕자 | 첫 번째 이야기

 생각하며 준비해요

 그림에 알맞은 단어를 찾아 줄을 긋고 따라 쓰세요. (어휘력)

 • • 공 주 의 황 금 공

 • • 개 구 리 한 마 리

 좋아하는 물건을 잃어버린 적이 있어요? 그때 자기의 표정을 그려 보고, 어울리는 기분에 파란색, 어울리지 않는 기분에 빨간색을 칠하세요. (사고력 · 표현력)

즐거워요

속상해요

아까워요

설레요

걱정돼요

슬퍼요

아주 먼 옛날, 어느 나라 왕에게 아름다운 딸이 여럿 있었어요. 그중에서도 막내딸이 특히나 아름다웠지요.

어느 날, 막내 공주는 성 주변의 초록 숲에 황금 공을 가지고 갔어요. 공주는 공을 이리저리 던지고 받으며 신나게 놀았어요.

그런데 공주가 하늘 높이 던진 공을 받으려고 손을 뻗었을 때였어요.

"앗! 내 황금 공!"

공은 저 멀리 데굴데굴 굴러 샘물 속에 풍덩 빠져 버렸어요.

공주는 재빨리 샘물가로 뛰어갔어요. 샘물이 깊어 공이 전혀 보이지 않자, 공주는 주저앉아 펑펑 울기 시작했어요.

그런데 그때였어요.

"공주님, 무슨 일이신가요? 공주님의 눈물에 돌들도 다 녹겠어요."

어디선가 들려온 목소리에 공주는 깜짝 놀라 고개를 휙 들었어요. 그러자 샘물 위로 머리를 삐죽 내민 못생긴 개구리 한 마리가 보였어요.

"개구리였구나! 내 황금 공이 샘물 속에 빠져서 울고 있었단다."

재미있게 풀어요

 공주는 주저앉아 펑펑 울기 시작했어요. 공주는 속으로 무슨 생각을 했을까요? 알맞은 대답을 <u>모두</u> 찾아보세요.

황금 공을 다시는 찾을 수 없을 거야.

개구리 때문에 너무 놀랐어.

이제 공놀이를 못 하겠지?

 공주가 개구리에게 다음과 같이 말했어요. 앞으로 무슨 일이 일어날 것 같아요? 알맞은 대답에 O를 그리세요.

개구리였구나! 내 황금 공이 샘물 속에 빠져서 울고 있었단다.

개구리가 공주와 같이 울 것 같아요

개구리가 황금 공을 찾아 줄 것 같아요

공주는 샘물로 들어가 공을 찾을 거예요

아이 생각 키우는 부모 Tip

OO이가 공주라면 어떻게 할 것 같아?

OO이는 소중한 물건을 잃어버렸을 때 어떻게 했어?

개구리 왕자 | 두 번째 이야기

 생각하며 준비해요

 지난 이야기를 떠올리면서 다음 글자를 따라 써 보세요. 〔어휘력〕

공이 샘물 속에
빠졌어요

공주님
무슨 일이신가요?

 이번 이야기의 시작 장면이에요. 여러분이 공주라면 개구리에게 〔사고력·표현력〕 뭘 주고 싶어요? 아래에서 자유롭게 골라 보고 이유를 써 보세요.

공주님, 울지 마세요. 제가 황금 공을 찾아드릴게요. 그럼 공주님은 제게 무엇을 주실 건가요?

장난감   인형   공

사탕   과자   동화책

왜요? : _____

"공주님, 울지 마세요. 제가 황금 공을 찾아드릴게요. 그럼 공주님은 제게 무엇을 주실 건가요?"

"원하는 건 무엇이든 다 줄게! 옷도, 보석도, 머리에 쓴 금관도!"

"아니요, 제가 원하는 건 그런 것들이 아니에요."

"그럼?"

"친구가 되어 주세요! 저를 사랑해 주고, 함께 놀아 주세요. 식탁 앞 공주님 옆자리에 앉아 공주님의 황금 접시에 담긴 음식을 먹게 해 주고, 공주님의 침대에서 함께 자게 해 준다고 약속해 주세요!"

"좋아! 황금 공만 찾아준다면 그렇게 할게!"

하지만 공주의 속마음은 달랐어요.

'흥, 무슨 잠꼬대 같은 소리람? 개구리 주제에 친구가 되어 달라니!'

한편, 공주와 약속한 개구리는 샘물 속으로 풍덩 뛰어 들어 갔어요. 그리고는 황금 공을 입에 물고 샘물 밖으로 나왔어요. 그런데 개구리가 공주에게 공을 건네자 공주는 성으로 후다 닥 달려가기 시작했어요.

"공주님, 기다려 주세요! 저와의 약속을 지키셔야죠!"

개구리는 공주를 따라가며 개굴개굴 힘껏 울었어요. 하지 만 공주는 뒤도 안 돌아보고 성으로 들어가 버렸어요.

재미있게 풀어요

 공주는 왜 다음과 같은 행동을 했어요?
그 이유로 알맞은 것에 ♡를 그리세요.

사고력 · 독해력

 개구리가 공주에게 공을 건네자, 공주는 성으로 후다닥 달려가기 시작했어요. 개구리가 따라가며 울었지만, 공주는 뒤도 안 돌아보고 성으로 들어가 버렸어요.

성에 가서 안전하게 공놀이를 하려고

개구리와 친구를 하기 싫어서

개구리가 계속 이상한 이야기를 해서

 공주를 따라가던 개구리는 무슨 생각을 했을까요?
알맞은 답을 찾아 <u>모두</u> 색칠하세요.

사고력

공만 가지고 가다니 서운해.

왜 약속을 안 지키지?

나랑 친하게 지내고 싶은 것 같아.

아이 생각 키우는 부모 Tip

OO이가 개구리라면 어떤 마음일 것 같아?

개구리는 앞으로 어떻게 할 것 같아?

개구리 왕자 | 세 번째 이야기

📎 생각하며 준비해요

 지난 이야기를 떠올리면서 다음 글자를 따라 써 보세요. (어휘력)

| 공 | 주 | 의 | | 속 | 마 | 음 | 은 |
| 달 | 랐 | 어 | 요 |

| 저 | 와 | 의 | | 약 | 속 | 을 |
| 지 | 키 | 셔 | 야 | 죠 |

 부모님이나 친구가 여러분과의 약속을 지키지 않은 적이 있어요? (사고력·표현력) 무슨 약속을 안 지켰는지 쓰세요. 그리고 다음 중에서 그때 느꼈던 기분을 골라 색칠하세요.

〈보기〉
엄마가 지난주에 마트에 가서
장난감을 사 준다고 했는데 안 사 줬어요.

화가 나요

서운해요

〈나〉
_____
_____

속상해요

미안해요

다음 날, 왕과 공주는 식탁에 앉아 황금 접시에 담긴 음식을 먹고 있었어요.

　그때, 문 쪽에서 '탁탁! 탁탁!' 하는 소리가 들렸어요. 조심스레 문을 열어 본 공주는 깜짝 놀랐어요.

　"아니, 넌 어제 그 개구리잖아!"

　공주는 가슴이 쿵쾅쿵쾅 뛰었어요. 공주가 놀란 표정으로 돌아오자 왕이 물었어요.

　"공주야, 무슨 일이냐? 무서운 거인이 널 잡으러 오기라도 한 것이냐?"

　"아, 아니에요. 거인이 아니라 징그러운 개구리예요."

"개구리가 왜 너를 찾아왔지?"

"그게, 사실은….."

공주는 왕에게 어제 있었던 일을 솔직하게 털어놓았어요.

그때, 개구리가 또다시 밖에서 문을 두드렸어요.

"공주님, 공주님, 막내 공주님!"

왕은 공주에게 말했어요.

"약속을 했으면 지켜야지. 어서 문을 열어 개구리를 들어오게 해라."

재미있게 풀어요

 다음 말은 무슨 뜻일까요? 알맞은 대답에 ☆을 그리세요.

공주는 왕에게 어제 있었던 일을 솔직하게 털어놓았어요.

공주는 왕에게 무슨 일이 있었는지 다 말 못 했어요

공주는 왕에게 있었던 일을 거짓말하지 않고 다 말했어요

공주는 왕에게 있었던 일을 모두 다 말하고 싶었어요

 개구리가 공주를 찾아왔어요. 개구리는 문을 두드리며 뭐라고 말했을까요? 알맞은 대답을 <u>모두</u> 찾아 색칠하세요.

저와 친구를 하기로 약속했잖아요.

왜 저를 찾아왔죠?

성으로 찾아올 줄 몰랐어요.

어서 문을 열어 주세요.

아이 생각 키우는 부모 Tip

OO이는 누구에게 속마음을 털어놔?

개구리 왕자 | 네 번째 이야기

📎 **생각하며 준비해요**

 지난 이야기를 떠올리면서 다음 글자를 따라 써 보세요. (어휘력)

솔	직	하	게

털	어	놓	았	어	요

개	구	리	를

들	어	오	게	해	라

 지난 이야기의 마지막 장면이에요. 앞으로 어떤 일이 벌어질까요? (사고력·독해력)
알맞은 대답에 O를 그리세요.

왕은 공주에게 말했어요.
"약속했으면 지켜야지. 어서 문을 열어 개구리를 들어오게
해라."

공주는 안으로 들어온 개구리와
      (즐거운 시간을 보냈어요 | 함께 지내는 것이 싫었어요).

공주는 개구리가 이것저것 같이하자고 해서 (화가 났어요 | 신이 났어요).

공주는 어쩔 수 없이 개구리를 안으로 들어오게 했어요. 개구리는 그녀의 의자 위로 폴짝, 식탁 위로 또 한 번 폴짝 뛰었어요.

　"공주님과 함께 먹게 황금 접시를 제 쪽으로 가까이 놔 주세요."

　공주는 개구리와 함께 밥을 먹기가 너무도 싫었지만, 개구리가 원하는 대로 해 주었어요.

　"꺽, 맛있게 잘 먹었습니다! 이제 공주님 방으로 데려가 주세요. 공주님 침대에서 함께 자야겠어요."

　공주는 그만 서러워져서 펑펑 울기 시작했어요.

왕은 그런 공주를 혼내며 말했어요.

"널 도와준 개구리를 무시하는 것은 좋지 못한 행동이야!"

공주는 할 수 없이 개구리를 두 손가락으로 집어 자신의 방으로 데려갔어요. 공주는 바닥에 개구리를 내려놓고 침대에 풀썩 누웠지요.

개구리는 개굴개굴 울며 공주의 침대 쪽으로 다가갔어요.

"저를 침대에 올려 주세요. 그렇지 않으면 왕께 이를 거예요!"

"뭐라고? 더는 못 참아!"

화가 잔뜩 난 공주는 개구리를 벽에 힘껏 던졌어요. 그런데 놀라운 일이 벌어졌어요. 공주는 휘둥그레진 눈으로 멍하게 쳐다봤어요.

재미있게 풀어요

 공주는 펑펑 울기 시작했어요.
그 이유로 알맞은 답에 ♡를 그리세요.

사고력 · 독해력

아버지가 계속 혼을 내서 ☐

개구리에게 황금 접시를 내줘야 해서 ☐

개구리가 함께 자야겠다고 말해서 ☐

 다음은 이번 이야기의 마지막 장면이에요. 무슨 일이
일어났을까요? 가장 자연스럽게 추측한 친구의 답을 골라 색칠하세요.

사고력 · 독해력

화가 잔뜩 난 공주는 개구리를 벽에 힘껏 던졌어요. 그런데 놀라운 일이 벌어졌어요.
공주는 휘둥그레진 눈으로 멍하게 쳐다봤어요.

 그 소리를 들은 왕이 와서
공주를 꾸짖을 것 같아!

 개구리가 전혀 다른
모습으로 변했을 것 같아.

 화가 난 개구리가 공주를
콱 물어 버렸을 것 같아.

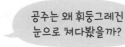 아이 생각 키우는 부모 Tip

 공주는 왜 휘둥그레진
눈으로 쳐다봤을까?

📎 **생각하며 준비해요**

 지난 이야기를 떠올리면서 다음 글자를 따라 써 보세요. 〔어휘력〕

| 공 | 주 | 님 | | 침 | 대 | 에 | 서 |
| 자 | 야 | 겠 | 어 | 요 |

| 개 | 구 | 리 | 를 | 벽 | 에 |
| 힘 | 껏 | 던 | 졌 | 어 | 요 |

 지난 <개구리 왕자> 이야기를 기억해 보고 순서에 맞는 번호를 〔사고력·독해력〕 쓰세요.

개구리가 떨어진 곳에는 아름다운 눈동자의 왕자가 있었어요.

"공주님, 저는 못된 마녀의 저주에 걸려 있었어요. 공주님만이 저를 샘물에서 꺼내 줄 수 있었지요. 공주님을 제 나라로 모시고 싶어요."

다음 날 아침, 성 앞에는 여덟 마리의 하얀 말들이 끄는 마차가 와 있었어요. 마차의 뒤편에는 왕자의 신하인 하인리히가 타고 있었지요.

하인리히는 기쁜 마음으로 왕자와 공주를 맞이했어요.

"왕자님, 오늘 같은 날이 오다니! 기뻐서 눈물이 나네요."

그런데 하인리히의 가슴에는 철로 만든 띠가 둘려 있었어요.

　　마차는 드디어 왕자의 나라로 향했어요. 그런데 마차가 한창 달릴 때였어요. 어디선가 물건이 부서지는 것 같은 소리가 들렸어요.

　　"타다닥타다닥, 타다닥타다닥…."

　　놀란 왕자가 하인리히에게 물었어요.

　　"하인리히, 이게 무슨 소리지? 혹시 마차에 무슨 일이 생겼나?"

　　"아뇨, 이건 제 가슴에서 나는 소리랍니다. 왕자님이 개구리가 되셨을 때, 너무 슬퍼 가슴이 터질까 봐 철띠를 가슴에 둘렀거든요."

　　이후에도 소리는 멈추지 않았어요. 하인리히의 기쁜 마음이 커져 가슴에 두른 철띠가 하나둘씩 부서졌기 때문이었지요.

재미있게 풀어요

 다음 인물과 관계있는 것에 줄을 이으세요.

 •   •  •   • 마녀의 저주에 걸려 있었어요

 •   •  •   • 황금 공을 샘물에 빠뜨렸어요

 •   • 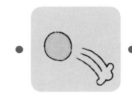 •   • 가슴이 터질까 봐 철띠를 둘렀어요

 다음을 읽고 맞으면 O, 틀리면 X 하세요.

왕자는 자신의 나라에 공주와 함께 가고 싶어 했어요 ( )

하인리히의 슬픔 때문에 가슴에 두른 철띠가 부서졌어요 ( )

철띠가 하나둘 부서진 뒤 더 이상 소리는 안 들렸어요 ( )

아이 생각 키우는 부모 Tip

개구리 왕자 이야기를 처음부터 끝까지 해 볼래?   OO이는 지난주에 정말 기뻤던 적이 있어?

영리한 재단사 | 첫 번째 이야기

 ## 생각하며 준비해요

 그림에 알맞은 단어를 찾아 줄을 긋고 따라 쓰세요. （어휘력）

 •

• 영 리 한 재 단 사

 •

• 잘 난 척 하 는 공 주

 주변에 영리한 친구가 있어요? 그 친구는 누구예요? （사고력·표현력）
친구의 얼굴을 그리고, 그 친구와 어울리는 단어에 색칠하세요.

그림

똑똑해요

심심해요

욕심이 많아요

지혜로워요

언제 어디서나 잘난 척하기 좋아하는 공주가 있었어요. 공주는 자신과 결혼하고 싶어 성에 찾아오는 사람들에게 말했어요.

"감히 나랑 결혼하겠다고? 내가 내는 수수께끼를 푸는 사람만이 나와 결혼할 수 있을 거예요."

하지만 정답을 맞히는 사람이 없었어요. 공주는 사람들이 틀린 답을 말할 때마다 깔깔거리며 그들을 비웃었어요.

그러던 어느 날, 나이 든 재단사 두 명이 공주를 만나기 위해 성으로 향했어요. 그러던 중 한 젊은 재단사와도 만나게 되었지요.

"형님들, 지금 어디 가시는 건가요?"

"공주님을 뵈러 간다네. 우리는 오랫동안 어려운 바느질도 잘해 왔으니, 공주님의 수수께끼를 쉽게 풀 수 있을 거야."

"그럼 같이 가요. 저도 수수께끼를 풀어 볼래요!"

"풋, 자네는 집에 돌아가서 잠이나 자. 바느질 하나도 제대로 못 하면서 뭘 알겠어."

"아녜요, 저도 잘할 수 있어요. 제 운을 믿어 봐야죠."

젊은 재단사는 그들을 뒤따라갔어요.

재미있게 풀어요

 이번 이야기의 등장인물에 대한 설명으로 알맞은 것에 줄을 이으세요.

 • • 젊은 재단사를 무시했어요

 • • 공주님의 수수께끼를 풀고 싶어 해요

 • • 수수께끼를 맞힐 사람이 없다고 생각해요

 나이 든 재단사 둘은 왜 자신들이 공주님의 수수께끼를 잘 맞힐 거라고 생각했어요? 알맞은 대답에 ☆을 그리세요.

자신들의 운을 믿기 때문에

어려운 바느질도 잘해 왔기 때문에

지금까지 정답을 맞힌 사람이 없어서

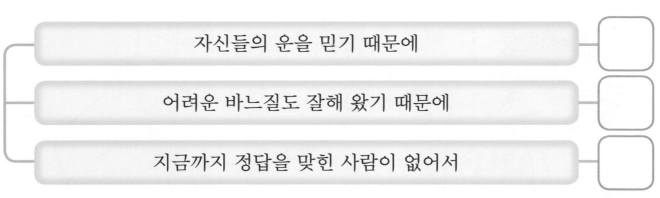

아이 생각 키우는 부모 Tip

ㅇㅇ이는 수수께끼 좋아해?

공주는 어떤 수수께끼를 낼까?

 생각하며 준비해요

 지난 이야기를 떠올리면서 다음 글자를 따라 써 보세요. (어휘력)

정답을 맞히는
사람이 없었어요

저도 수수께끼를
풀어 볼래요

 다음은 이번 이야기의 시작 장면이에요. 세 재단사와 공주는 (사고력·표현력)
어떤 말을 주고받았을까요? 말풍선을 자유롭게 채워 보세요.

성에 간 세 재단사는 공주 앞에 쪼르르 서서 말했어요.

"저희는 뛰어난 솜씨를 가진 재단사랍니다. 공주님의 수수께끼를 알아맞혀 보겠어요."

그러자 공주가 물었어요.

"내 머리카락은 두 가지 색으로 이루어져 있어요. 어떤 색일까요?"

한 나이 든 재단사가 답했어요.

"음, 공주님의 머리카락은 희고 검은 점이 박힌 옷감과 같은 색이에요. 정답은 흰색과 검은색입니다!"

"땡, 틀렸어요. 다음 분은요?"

이번에는 또 다른 나이 든 재단사가 답했어요.

"우리 아버지의 예복처럼 갈색과 빨간색이 섞여 있네요."

공주는 그의 말을 듣고 픽 하고 비웃었어요.

"땡! 그럼 그렇지, 이 문제는 그 누구도 쉽게 맞힐 수 없을 거예요. 자, 이제 당신이 대답할 차례예요."

공주가 젊은 재단사를 쳐다보자, 그는 두 눈을 반짝이며 말했어요.

"공주님께서는 금빛과 은빛 머리카락을 가지고 계십니다."

그의 말을 들은 공주의 표정이 딱딱하게 굳었어요.

재미있게 풀어요

 다음을 읽고 맞으면 O, 틀리면 X 하세요.

독해력

공주는 자신의 머리카락 색을 맞히라고 했어요 ☐

나이 든 재단사는 기발한 생각을 해냈어요 ☐

공주는 젊은 재단사의 대답을 듣고 기뻐했어요 ☐

 젊은 재단사의 대답을 들은 공주의 표정이 딱딱하게 굳었어요.
공주는 무슨 생각을 했을까요? 알맞은 답을 골라 색칠하세요.

사고력·독해력

누구도 쉽게 맞힐 수 없는 문제야.

왜 맞히는 사람이 하나도 없지?

정답을 어떻게 맞혔지?

아이 생각 키우는 부모 Tip

OO이가 재단사였다면 어떤 대답을 했을 것 같아?

OO이는 어떨 때 표정이 딱딱하게 굳어?

 생각하며 준비해요

 지난 이야기를 떠올리면서 다음 글자를 따라 써 보세요. (어휘력)

공	주	는	픽	하	고
비	웃	었	어	요	

공	주	의	표	정	이
딱	딱	하	게	굳	었	어	요

 다음 그림은 오늘 나올 이야기의 한 장면이에요. 앞으로 어떤 (사고력 · 독해력)
일이 펼쳐질까요? 상상해 보고 알맞은 대답에 표시하세요.

공주는 재단사에게
　　(곰과 하룻밤을 보내면 | 수수께끼를 맞히면) 결혼하겠다고 했어요.

재단사는 곰을 보고 (당황했어요 | 당황하지 않았어요).

공주는 너무나도 놀랐지만, 이내 아무렇지 않은 척했어요.

"정답이에요. 하지만 이게 끝이 아니에요. 지하에 있는 곰과 하룻밤을 보내세요. 내일 아침까지 당신이 살아 있다면 당신과 결혼하겠어요."

공주의 말에 재단사는 고개를 끄덕였어요. 그리고 곧바로 성 큼성큼 지하로 내려갔어요.

지하실은 무척이나 어둡고 컴컴했어요. 그런데 그때였어요.

"크헝! 크헝!"

커다란 곰이 두 앞발을 든 채 금방이라도 잡아먹을 듯이 재 단사에게 달려들었어요.

하지만 재단사는 당황하지 않았어요.

"곰아, 쉿! 조용히 해. 내가 맛있는 호두를 줄까?"

재단사는 주머니에서 호두 몇 알을 꺼내 와드득와드득 깨물었어요. 그리고는 껍데기 속 알맹이만 쏙 빼 아작아작 씹어먹었지요.

곰은 침을 꼴깍 삼켰어요.

"맛있겠지? 내가 좀 나눠 줄게."

재단사는 주머니에서 호두를 한 움큼 꺼내 곰에게 주었어요. 곰은 이빨로 호두를 콱! 깨물었지요. 그런데 무언가 이상했어요.

재미있게 풀어요

 공주의 말을 들은 재단사는 지하로 내려가며 무슨 생각을 했을까요? 알맞은 대답에 색칠하세요.

사고력·독해력

> "하지만 이게 끝이 아니에요. 지하에 있는 곰과 하룻밤을 보내세요.
> 내일 아침까지 당신이 살아 있다면 당신과 결혼하겠어요."

나는 이제 큰일 났다!

나는 잘 해결할 수 있을 거야.

공주님은 정말 나쁜 사람이야.

 다음 장면을 다시 읽어 보세요.
무언가 이상한 이유로 알맞은 대답을 찾아 O를 그리세요.

사고력·독해력

재단사는 주머니에서 호두를 한 움큼 꺼내 곰에게 주었어요.
곰은 이빨로 호두를 콱 깨물었지요.
그런데 무언가 이상했어요.

재단사가 껍데기 없이 알맹이만 줬기 때문에

재단사가 꾀를 내어 호두가 아닌 다른 것을 줘서

재단사가 호두를 깨물었을 때와 다른 소리가 나서

아이 생각 키우는 부모 Tip

OO이가 곰을 만났다면 어떤 기분이 들었을 것 같아?   OO이가 재단사라면 화난 곰에게 어떻게 할 것 같아?

영리한 재단사 | 네 번째 이야기

 생각하며 준비해요

 지난 이야기를 떠올리면서 다음 글자를 따라 써 보세요. (어휘력)

재	단	사	는

당	황	하	지	않	았	어	요

이	빨	로

호	두	를	깨	물	었	어	요

 이번 이야기의 시작 부분이에요. 곰이 깨문 것은 무엇일까요? (사고력·표현력)
알맞은 대답에 ♡를 그리고, 그 이유를 써 보세요.

곰이 아무리 세게 깨물어도 호두는 깨지지 않았어요.

왜요? : _____

곰이 아무리 세게 깨물어도 호두는 깨지지 않았어요. 사실 젊은 재단사가 준 것은 호두가 아닌 돌멩이였기 때문이었지요.

'내 이빨이 이렇게 약하다고?'

곰이 당황한 사이, 재단사는 바이올린을 꺼내 연주하기 시작했어요. 그러자 기분이 좋아진 곰이 덩실덩실 춤을 추기 시작했어요.

곰은 재단사에게 물었어요.

"언제든 춤출 수 있게 나도 그걸 연주하고 싶어. 어려울까?"

"아니, 쉬워. 쪼끄만 꼬마들도 할 수 있는걸? 그런데 넌 발톱이 너무 길어. 이걸 연주하려면 발톱을 좀 잘라야 할 것 같아."

젊은 재단사는 *'바이스'를 가져왔어요. 그리고 거기에 곰의 앞발을 넣고 꽉 조였어요.

"자, 이제 가위를 가져올게. 여기서 조금만 기다려."

젊은 재단사는 그렇게 말하고는 구석에 있는 짚 더미에 누워 쿨쿨 잠들었어요. 곰은 앞발이 조여진 탓에 도저히 움직일 수가 없었어요. 화가 난 곰은 지하실이 떠나가라 큰 소리로 으르렁거리기 시작했어요.

밤새 무시무시한 소리가 울려 퍼지자, 공주는 재단사가 죽었다고 생각했어요.

*바이스 : 물건을 움직이지 않게 고정하는 기구

재미있게 풀어요

 재단사는 무엇을, 왜 했어요? 알맞은 답에 체크하세요. 사고력 · 독해력

무엇을?
☐ 곰에게 바이올린을 가르쳤어요
☐ 곰 앞발을 바이스에 넣었어요
☐ 곰의 발톱을 잘라 주었어요

왜?
☐ 친하게 지내려고
☐ 울게 하려고
☐ 못 움직이게 하려고

 공주는 왜 재단사가 죽었다고 생각했어요?
알맞은 대답을 찾아 ♡를 그리세요. 사고력 · 독해력

재단사가 곰을 화나게 했기 때문에 ☐

곰이 으르렁거리는 소리가 밤새 들려서 ☐

재단사의 바이올린 연주 소리가 안 들려서 ☐

아이 생각 키우는 부모 Tip

재단사는 어떤 사람인 것 같아?
왜 그렇게 생각해?

 생각하며 준비해요

 지난 이야기를 떠올리면서 다음 글자를 따라 써 보세요.　　`어휘력`

| 곰 | 은 | 움 | 직 | 일 | 수 | 가 |
| 없 | 었 | 어 | 요 |

| 곰 | 은 | 으 | 르 | 렁 | 거 | 리 | 기 |
| 시 | 작 | 했 | 어 | 요 |

 지난 <영리한 재단사> 이야기를 기억해 보고 순서에 맞는 번호를 쓰세요.　　`사고력·독해력`

다음 날 아침, 공주는 지하실에서 나와 생글생글 웃고 있는
젊은 재단사를 보고 깜짝 놀랐어요.

"어머나, 이럴 수가!"

"공주님, 약속을 잊지는 않으셨겠죠?"

공주는 그렇게 젊은 재단사와 결혼하게 되었어요. 공주와 재
단사는 결혼식이 열리는 곳으로 가기 위해 왕이 보낸 마차를
탔어요.

그런데 이 모든 것이 마음에 들지 않는 사람들이 있었어요.
바로 나이 든 재단사들이었지요. 그들은 지하의 곰을 풀어 주
었고, 곰은 쿵쾅쿵쾅 뛰며 마차를 무섭게 쫓아갔어요.

"으악! 곰이 우리를 쫓아오고 있어요!"

공주가 놀라서 소리치자, 젊은 재단사는 말했어요.

"걱정 마요. 저만 믿으세요."

젊은 재단사는 두 발을 창문 밖으로 불쑥 내밀며 소리쳤어요.

"   "

그러자 곰은 재빨리 뒤돌아 도망쳤어요.

곰을 쫓아낸 재단사와 공주는 결혼식을 올릴 수 있었고, 그 뒤 즐겁고 행복한 나날을 보냈다고 해요.

재미있게 풀어요

 나이 든 재단사들은 왜 곰을 풀어 주었어요?
알맞은 대답을 찾아 ☆를 그리세요.

두 발이 묶여 있는 곰이 가여워서

곰이 젊은 재단사를 쫓아가게 하려고

재단사와 공주의 결혼을 축하하려고

 쫓아오는 곰을 본 젊은 재단사는 창문 밖으로 두 발을 내밀며
뭐라고 소리쳤을까요? [   ]에 들어갈 말로 알맞은 대답을
골라 색칠하세요.

당장 사라지지 않으면
네 발을 다시
묶어 버릴 거야!

어제는 정말 미안했어.
다음에는 진짜 호두를 줄게.

바이올린은 다음에
가르쳐 줄게. 화내지 마.

아이 생각 키우는 부모 Tip

영리한 재단사 이야기를
처음부터 끝까지 해 줄래?

○○이는 곰이 쿵쾅쿵쾅
뒤쫓아 온다면 어떻게 할 거야?

백조 왕자 | 첫 번째 이야기

 생각하며 준비해요

 그림에 알맞은 단어를 찾아 줄을 긋고 따라 쓰세요.　〔어휘력〕

　·

·〔여섯 왕자〕

　·

·〔새 왕비〕

　·

·〔막내 공주〕

 '마녀'는 어떤 표정을 짓고 있을까요?
마녀의 표정을 그리고, '마녀'와 어울리는 단어에 색칠하세요.　〔사고력 · 표현력〕

심술궂어요

따뜻해요

착해요

욕심이
많아요

한 왕이 깊은 숲에서 사냥을 하다가 길을 잃고 말았어요. 해가 지자 왕은 성으로 돌아가지 못할까 봐 걱정되기 시작했어요.

그때, 어느 늙은 마녀가 왕에게 다가왔어요.

"이런, 길을 잃으셨군요. 제게 어여쁜 딸이 하나 있는데, 제 딸과 결혼하겠다고 약속하신다면 돌아갈 길을 알려 드리죠."

"…그렇게 하지."

늙은 마녀는 왕을 작은 오두막으로 데려갔어요. 그 안에는 마녀의 아름다운 딸이 있었어요. 왕은 약속대로 마녀의 딸을 성으로 데려가 그녀와 결혼했어요.

    사실 왕에게는 죽은 전 부인과의 사이에서 낳은 여섯 왕자와 막내 공주가 있었어요.

    왕은 새 왕비가 일곱 아이를 미워할까 봐 무척 걱정되었어요. 그래서 그는 숲속 비밀의 성에 아이들을 숨겼어요. 가는 길은 마법의 실뭉치를 가진 왕만이 알 수 있었어요. 마법의 실뭉치를 던지면 저절로 실이 풀려 나가면서 길을 알려 주었거든요.

    왕은 툭하면 아이들을 보러 비밀의 성에 갔어요. 왕이 어디로 가는 건지 궁금해서 참을 수 없던 새 왕비는 신하들에게 보석을 잔뜩 주고 왕의 비밀을 알아냈어요.

재미있게 풀어요

 이번 이야기에서 일어난 일을 순서에 맞게 번호로 쓰세요.　　사고력·독해력

왕은 새 왕비가 아이들을 미워할까 봐 걱정했어요

왕은 마녀의 딸과 결혼하게 되었어요

왕은 아이들을 비밀의 성에 숨겼어요

새 왕비는 왕의 비밀을 알아냈어요

 왕의 비밀을 알아낸 왕비는 무슨 생각을 했을까요?
알맞은 대답을 찾아 <u>모두</u> 색칠하세요.　　사고력·독해력

아이들에게 나쁜 마법을 걸겠어.

비밀의 성에 가야겠어!

비밀이 궁금해서 참을 수가 없어.

아이들을 잘 보살펴야겠어.

아이 생각 키우는 부모 Tip

왕비는 앞으로 어떻게 할 것 같아?

72

 생각하며 준비해요

 지난 이야기를 떠올리면서 다음 글자를 따라 써 보세요. 어휘력

마	녀	의		딸	과	
	결	혼	했	어	요	

왕	의		비	밀	을	
	알	아	냈	어	요	

 다음은 이번 이야기의 시작 부분이에요.
어떤 이야기가 펼쳐질까요? 알맞은 대답을 골라 보세요. 사고력·독해력

왕이 사냥을 나간 어느 날, 새 왕비는 마법의 실뭉치와 나쁜 마법을 걸어 둔 비단옷을 챙겨 숲으로 향했어요.

새 왕비는 비밀의 성에 (찾아갈 것 같아요 | 못 찾아갈 것 같아요).

새 왕비는 아이들에게 마법을 걸어
(집으로 돌아오게 할 것 같아요 | 성에서 사라지게 할 것 같아요).

왕이 사냥을 나간 어느 날, 새 왕비는 마법의 실뭉치와 나쁜 마법을 걸어 둔 비단옷을 챙겨 숲으로 향했어요. 새 왕비가 실뭉치를 던지자, 실뭉치가 데굴데굴 굴러 비밀의 성이 어딨는지 알려 주었어요.

새 왕비가 비밀의 성에 막 도착했을 때였어요.

"와! 아버지께서 오셨나 봐!"

뛰쳐나오는 아이들을 향해 새 왕비는 비단옷을 던졌어요. 그러자 아이들은 모두 백조로 변해 하늘로 날아가 버렸어요.

새 왕비는 깔깔 웃으며 성으로 돌아갔어요. 하지만 그녀는 몰랐어요. 안쪽에 막내 공주가 숨어 있었다는 것을요.

다음 날, 비밀의 성에 찾아온 왕은 깜짝 놀랐어요.

"막내야, 왜 혼자 있니? 오빠들은 어디 가고?"

"흑흑, 오빠들이 모두 백조로 변해 하늘로 날아가 버렸어요."

왕은 새 왕비가 이런 짓을 저질렀을 거라고는 생각도 하지 못했어요. 왕은 하나 남은 공주마저 사라질까 봐 두려워 공주를 성으로 데려가려 했어요. 하지만 새 왕비가 너무나 무서웠던 공주는 그곳에 가기 싫었어요.

"아버지, 저는 딱 하루만 더 이곳에서 잘게요."

재미있게 풀어요

 백조로 변한 오빠들이 하늘로 날아가 버리자, 새 왕비는 깔깔 웃으며 혼잣말로 뭐라고 했을까요? 알맞은 대답에 색칠하세요.

공주는
엉엉 울고 있겠지?

숨어 있는
공주도 찾아야지.

다시는 사람이
되지 못할 거야.

 비밀의 성을 찾아온 왕은 왜 깜짝 놀랐어요?
알맞은 대답에 ♡를 그리세요.

왕비가 이런 짓을 저지를 줄 몰랐기 때문에

왕자들은 사라지고 공주만 남아 있어서

공주가 성으로 가지 않겠다고 말해서

○○이가 공주라면 아버지에게
무슨 얘기를 할 거야?

○○이는 어떨 때
무섭다는 느낌이 들어?

📎 **생각하며 준비해요**

 지난 이야기를 떠올리면서 다음 글자를 따라 써 보세요. [어휘력]

백조로 변해
날아갔어요

공주는 왕비가
무서웠어요

 다음은 이번 이야기의 시작 부분이에요. [사고력·독해력]
이때의 공주의 마음으로 어울리는 것을 찾아 색칠하세요.

> 왕이 성을 떠나자, 공주는 성에서 나와 숲길을 걷고 또 걸었어요.
> '어딘가에 오빠들을 되돌릴 방법이 분명 있을 거야.'

슬프지만
포기해야겠어.

힘들지만
용기를 내야지.

왕이 성을 떠나자, 공주는 성에서 나와 숲길을 걷고 또 걸었어요.

'어딘가에 오빠들을 되돌릴 방법이 분명 있을 거야.'

다리가 후들거려 더 이상 걸을 수 없었을 때, 웬 오두막 하나가 보였어요. 오두막 안에는 여섯 개의 작은 침대가 있었어요. 공주는 쓰러지듯 그곳에 잠들었어요.

밤이 되자, 어디선가 타다닥타다닥 소리가 들려왔어요. 잠에서 깬 공주는 깜짝 놀랐어요. 새하얀 백조 여섯 마리가 창문을 통해 방 안으로 들어왔거든요. 더 놀라운 것은 백조들이 서로의 몸을 후후 불어 주자, 깃털이 벗겨지며 여섯 명의 왕자로 변하는 것이었어요.

여섯 왕자와 막내 공주는 서로를 안고 기쁨의 눈물을 흘렸어
요. 그러나 그 기쁨도 잠시뿐이었어요. 왕자들이 사람으로 있
을 수 있는 시간은 고작 '해가 진 뒤 15분'이 다였거든요.

"이곳은 도둑들의 집이란다. 곧 도둑들이 올 테니 얼른 도망
가렴."

"흑흑, 오빠들의 마법을 풀 방법은 없는 걸까?"

"한 가지 방법이 있긴 한데…, 6년 동안 네가 우리를 위해 과
꽃으로 여섯 벌의 옷을 만드는 거야. 다만, 그걸 만드는 동안
너는 웃지도, 울지도, 심지어 말하지도 말아야 해."

재미있게 풀어요

 다음을 읽고 맞으면 O, 틀리면 X 하세요.

공주는 백조가 된 여섯 오빠와 오두막에서 만났어요 ☐

공주는 사람이 된 오빠들과 종일 함께 할 수 있어요 ☐

6년 동안 공주는 집 안에서만 옷을 만들어야 해요 ☐

 오빠들의 마법을 풀 방법을 들은 공주는 뭐라고 말했을까요?
알맞은 대답을 찾아 색칠하세요.

"한 가지 방법이 있긴 한데…, 6년 동안 네가 우리를 위해
과꽃으로 여섯 벌의 옷을 만드는 거야. 다만 그걸 만드는 동안
너는 웃지도, 울지도, 말하지도 말아야 해."

걱정 마. 옷을 만들어
오빠들을 사람으로
되돌릴 거야.

내가 다른 방법을
한번 찾아볼게.

사랑하는 형제, 자매와 하루에 15분만
만날 수 있다면 어떨 것 같아?   OO이는 웃지도, 울지도, 말하지도 않고
지내야 한다면 어떨 것 같아?

백조 왕자 | 네 번째 이야기

 생각하며 준비해요

 지난 이야기를 떠올리면서 다음 글자를 따라 써 보세요. (어휘력)

 백조들이
 왕자로 변했어요

 과꽃으로
옷을 만들어야 해

 다음은 이번 이야기의 시작 부분이에요. 공주는 무슨 생각을 하고 있었을까요? 공주의 생각을 자유롭게 써 보세요. (사고력·표현력)

공주는 그날부터 과꽃을 모아 옷을 만들기 시작했어요. 아침부터 밤까지 웃지도, 울지도 않고 가만히 앉아 옷을 만들었지요.

한 번에 키우기 81

공주는 그날부터 과꽃을 모아 옷을 만들기 시작했어요. 아침부터 밤까지 웃지도, 울지도 않고 가만히 앉아 옷을 만들었지요.

그러던 어느 날, 숲을 지나던 한 왕이 그 모습을 보고 말을 걸었어요.

"당신은 누구요? 왜 이리도 열심히 옷을 만들고 있지?"

하지만 공주는 아무 대답이 없었어요.

왕은 공주에 대해 더욱 알고 싶었어요. 그는 공주의 몸에 망토를 덮어 주고 말에 태워 성으로 데려갔어요. 예쁜 옷을 입히고 맛있는 음식도 주었지요. 그녀는 말이 없을 뿐 무척 예의 바른 사람이었어요.

왕은 공주가 점점 더 좋아졌고, 두 사람은 결혼까지 하게 되었어요.

  하지만 마음씨 고약한 왕의 어머니는 말 한마디 않는 어린 왕비가 마음에 들지 않았어요. 그녀는 항상 며느리를 쫓아낼 생각만 했어요.

  그로부터 1년 뒤, 왕비가 첫째 아이를 낳았어요.

  하루는 왕의 어머니가 잠든 왕비 몰래 아이를 데려가 아무도 모르는 곳에 숨겼어요. 그리고 크게 소리쳤어요.

  "아들아! 아이가 사라졌다! 저 못된 왕비가 아이를 버린 게 분명해!"

  하지만 왕은 어머니의 말을 믿지 않았어요.

  시간이 흘러 왕비가 두 번째 아이를 낳자, 어머니는 또다시 아이를 빼돌리고는 왕비가 한 짓이라고 거짓말했어요.

재미있게 풀어요

 등장인물들은 무엇을, 왜 했어요? 알맞은 대답에 줄을 그으세요. 독해력

무엇을?	왜?

아이를 몰래
숨겼어요

공주를
알고 싶어서

공주를 성에
데려왔어요

왕비를
쫓아내려고

말없이 옷을
만들었어요

오빠들을
위해서

 왕의 어머니는 왜 왕에게 거짓말을 했어요?
알맞은 대답에 ☆을 그리세요. 사고력 · 독해력

왕비가 더 이상 옷을 못 만들게 하려고

왕비가 마음에 안 들어서 쫓아내려고

아이를 아무도 모르는 곳에 숨기려고

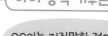 아이 생각 키우는 부모 Tip

자꾸 거짓말을 하는 친구가 있다면
뭐라고 말해 줄 거야?

○○이는 거짓말한 적이 있어?
무슨 거짓말을 했어?

백조 왕자 | 다섯 번째 이야기

 생각하며 준비해요

 지난 이야기를 떠올리면서 다음 글자를 따라 써 보세요. (어휘력)

 과 꽃으로 옷을 만들었어요

 공주가 마음에 들지 않았어요

 지난 <백조 왕자> 이야기를 기억해 보고 순서에 맞는 번호를 쓰세요. (사고력·독해력)

"왕비가 또 아이를 버렸어! 죄가 있으니 말을 못 하는 거겠지."

"그럴 리가요. 아내는 말은 없어도 착한 마음씨를 가진 사람입니다."

하지만 왕비가 세 번째 아이를 낳은 뒤에도 똑같은 일이 일어나자, 이제는 왕도 어찌할 방법이 없었어요. 왕비는 결국 끔찍한 벌을 받게 되었지요.

마침내 벌을 받는 날이 되었어요. 그날은 왕비가 옷을 만든 지 딱 6년이 되는 날이기도 했어요.

왕비가 올라가 있는 장작더미에 화르르 불이 붙었어요. 그 순간에도 왕비는 말없이 옷을 만들고 있었어요.

그때, 하늘을 날던 여섯 마리 백조가 왕비 쪽으로 다가왔어요. 왕비가 백조들에게 여섯 벌의 옷을 힘껏 던지자, 백조들은 여섯 왕자로 변했어요. 다만, 마지막 옷이 덜 만들어진 탓에 한 왕자만 왼팔 대신 왼쪽 날개가 있었어요.

왕비는 그제야 왕을 향해 소리쳤어요.

"여보, 저는 아이를 버리지 않았어요!"

왕은 재빨리 달려가 왕비를 풀어 주었어요. 그는 왕비에게서 그동안의 이야기를 들을 수 있었어요. 부부는 잃어버린 세 아이를 되찾을 수 있었고, 못된 어머니는 저 멀리 도망쳐 버렸답니다.

재미있게 풀어요

 다음을 읽고 맞으면 O, 틀리면 X 하세요. 독해력

왕 덕분에 왕비는 무서운 벌을 피하게 됐어요 ☐

모든 백조가 날개 대신 팔을 가지게 됐어요 ☐

왕비는 말을 할 수 있게 되었고 아이들을 되찾았어요 ☐

 다음은 왕비에게 있었던 일이에요. 그때 기분이 어땠을까요? 알맞은 대답을 모두 찾아 색칠하세요. 사고력·독해력

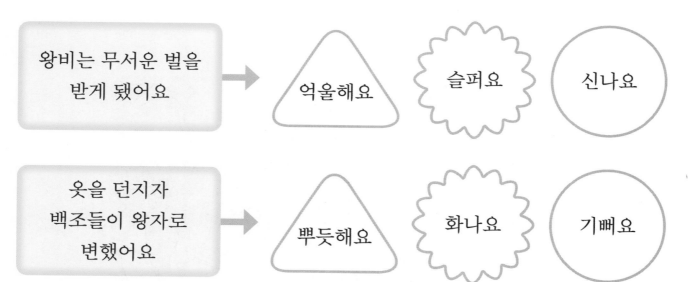

왕비는 무서운 벌을 받게 됐어요 → 억울해요 / 슬퍼요 / 신나요

옷을 던지자 백조들이 왕자로 변했어요 → 뿌듯해요 / 화나요 / 기뻐요

아이 생각 키우는 부모 Tip

OO이에게 억울한 일이 생긴다면 어떻게 할 것 같아?   OO이가 왕비라고 생각하고 왕에게 그동안의 일을 이야기해 봐.

88

이야기 놀이

* 다음은 <빨간 모자>, <개구리 왕자>, <영리한 재단사>, <백조 왕자> 이야기의 한 장면입니다.
* 장면을 떠올리며 자유롭게 색칠하고 내용을 이야기해 보세요.

정답과 해설

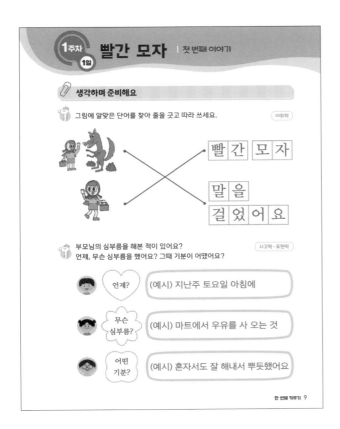

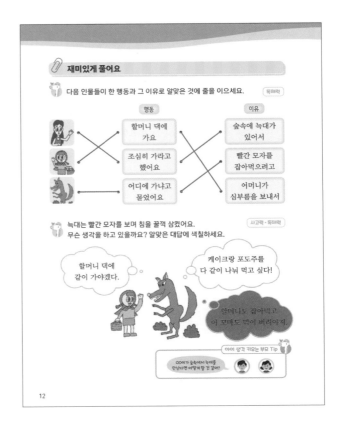

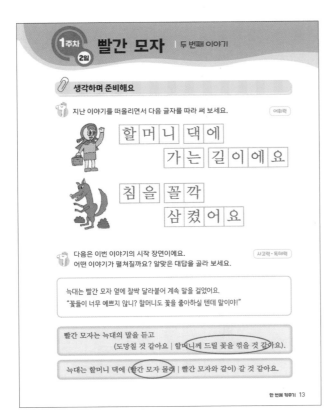

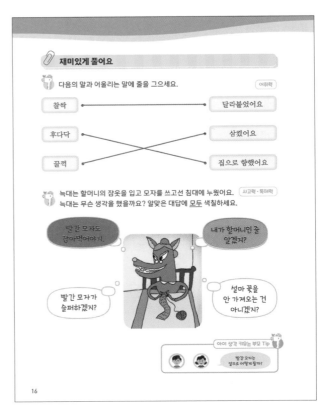

1주차 3일 빨간 모자 | 세 번째 이야기

생각하며 준비해요

지난 이야기를 떠올리면서 다음 글자를 따라 써 보세요. (어휘력)

한입에 꿀꺽 삼켰어요

할머니, 빨간 모자가 왔어요

다음은 이번 이야기의 한 장면이에요. 빨간 모자의 질문에 늑대는 뭐라고 대답했을까요? 대답을 자유롭게 써 보세요. (사고력·표현력)

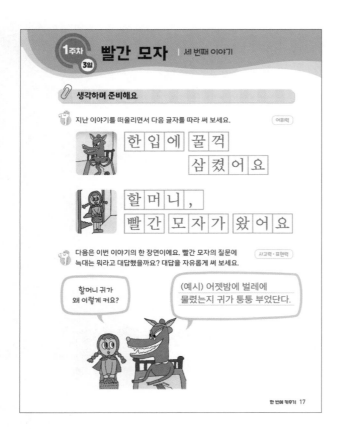

- 할머니 귀가 왜 이렇게 커요?
- (예시) 어젯밤에 벌레에 물렸는지 귀가 퉁퉁 부었단다.

한 번에 키우기 17

재미있게 풀어요

빨간 모자와 사냥꾼은 무엇을 했어요? 왜 했어요? 알맞은 대답을 찾아 체크하세요. (사고력·독해력)

무엇을?
- ☑ 늑대에게 계속 물었어요
- ☐ 집에서 도망쳤어요
- ☐ 사냥을 시작했어요
- ☑ 할머니 집에 들어갔어요

왜?
- ☐ 뭔가 재미있어서
- ☑ 뭔가 이상해서

사냥꾼의 다음 말을 읽고 무엇을 추측해 볼 수 있어요? 알맞은 대답을 찾아 색칠하세요. (사고력·독해력)

"못된 늑대 녀석이 할머니를 삼킨 것 같군."
그런데 그때, 늑대의 배가 꿈틀꿈틀 움직였어요.

- 늑대가 사냥꾼도 꿀꺽 삼킬 거예요.
- 늑대 배 속에 할머니가 살아계실 거예요.

아이 생각 키우는 부모 Tip
사냥꾼은 이제 어떻게 할 것 같아?

20

1주차 4일 빨간 모자 | 네 번째 이야기

생각하며 준비해요

지난 이야기를 떠올리면서 다음 글자를 따라 써 보세요. (어휘력)

입이 왜 이렇게 커요?

늑대 배가 꿈틀꿈틀 움직였어요

지난 이야기의 마지막 장면에서 사냥꾼은 다음과 같이 생각했어요. 사냥꾼은 앞으로 무엇을 할까요? 알맞은 것에 ♡를 그리세요. (사고력·독해력)

못된 늑대 녀석이 할머니를 삼켰군.

- 할머니가 돌아가셔서 슬퍼하며 울 것 같아요 [ ]
- 할머니를 구하고 늑대를 벌줄 것 같아요 [♡]

한 번에 키우기 21

재미있게 풀어요

이번 이야기에서 일어난 일을 순서에 맞게 번호로 쓰세요. (사고력·독해력)

- 며칠 뒤, 빨간 모자는 할머니께 빵을 드리러 숲에 갔어요 — 3
- 배 속이 돌멩이로 가득 찬 늑대는 쓰러져 죽어 버렸어요 — 2
- 또 다른 늑대가 빨간 모자를 기다리고 있었어요 — 4
- 사냥꾼이 늑대 배를 갈라 할머니와 빨간 모자를 구했어요 — 1

숲에서 또 다른 늑대를 만난 빨간 모자는 무슨 생각을 했을까요? 알맞은 생각을 찾아 모두 색칠하세요. (사고력)

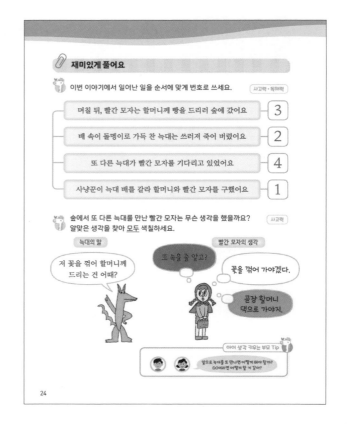

늑대의 말
- 저 꽃을 꺾어 할머니께 드리는 건 어때?

빨간 모자의 생각
- 또 속을 줄 알고?
- 꽃을 꺾어 가야겠다.
- 곧장 할머니 댁으로 가야지.

아이 생각 키우는 부모 Tip
앞으로 늑대를 또 만나면 어떻게 해야 할까?
○○라면 어떻게 할 거 같아?

24

92

1주차 5일 빨간 모자 | 다섯 번째 이야기

생각하며 준비해요

지난 이야기를 떠올리면서 다음 글자를 따라 써 보세요. (어휘력)

돌멩이 때문에
비틀거렸어요

또 늑대를 만났어요

지난 <빨간 모자> 이야기를 기억해 보고 순서에 맞는 번호를 쓰세요. (사고력·독해력)

4	2
3	1

한 번에 키우기 25

재미있게 풀어요

늑대가 지붕 위로 올라간 이유가 뭐예요?
알맞은 답에 ☆을 그리세요. (사고력·독해력)

할머니 몰래 소시지를 훔쳐 먹으려고	
숨어 있다가 빨간 모자를 나중에 잡아먹으려고	☆
빨간 모자가 대답할 때까지 기다리려고	

다음을 읽고 맞으면 O, 틀리면 X 하세요 (독해력)

빨간 모자는 문을 두드렸지만 아무도 대답하지 않았어요	X
할머니는 늑대를 물리칠 좋은 방법을 생각해 냈어요	O
끓는 물에 빠져 혼쭐이 난 늑대는 화가 나 돌아갔어요	X

아이 생각 키우는 부모 Tip
○○에는 어떨 때
안심된다는 느낌이 들어?

28

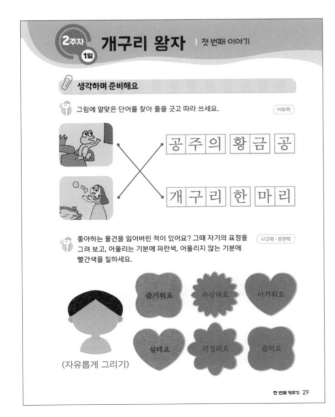

2주차 1일 개구리 왕자 | 첫 번째 이야기

생각하며 준비해요

그림에 알맞은 단어를 찾아 줄을 긋고 따라 쓰세요. (어휘력)

공주의 황금 공

개구리 한 마리

좋아하는 물건을 잃어버린 적이 있어요? 그때 자기의 표정을
그려 보고, 어울리는 기분에 파란색, 어울리지 않는 기분에
빨간색을 칠하세요. (사고력·표현력)

즐거워요   속상해요   아까워요

설레요   걱정돼요   슬퍼요

(자유롭게 그리기)

한 번에 키우기 29

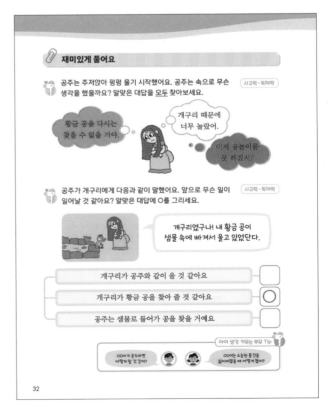

재미있게 풀어요

공주는 주저앉아 펑펑 울기 시작했어요. 공주는 속으로 무슨
생각을 했을까요? 알맞은 대답을 모두 찾아보세요. (사고력·독해력)

황금 공을 다시는
찾을 수 없을 거야.

개구리 때문에
너무 놀랐어.

이제 공놀이를
못 하겠지?

공주가 개구리에게 다음과 같이 말했어요. 앞으로 무슨 일이
일어날 것 같아요? 알맞은 대답에 O를 그리세요. (사고력·독해력)

개구리였구나! 내 황금 공이
샘물 속에 빠져서 울고 있었단다.

개구리가 공주와 같이 울 것 같아요	
개구리가 황금 공을 찾아 줄 것 같아요	O
공주는 샘물로 들어가 공을 찾을 거예요	

아이 생각 키우는 부모 Tip
○○가 공주라면
어떻게 할 것 같아?   ○○는 소중한 물건을
잃어버렸을 때 어떻게 할래?

32

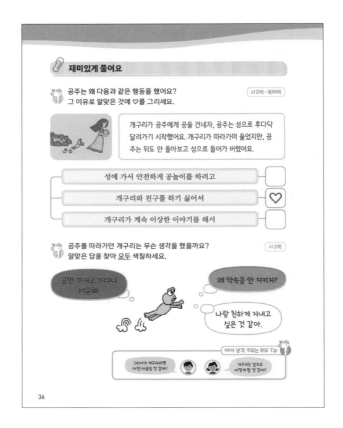

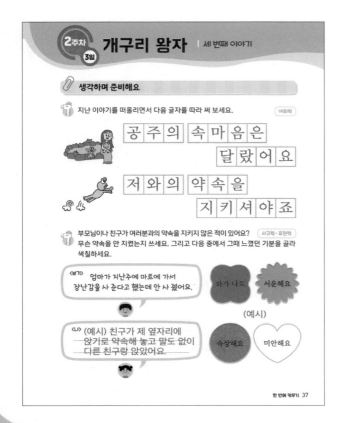

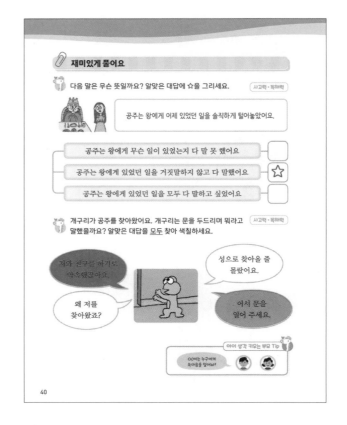

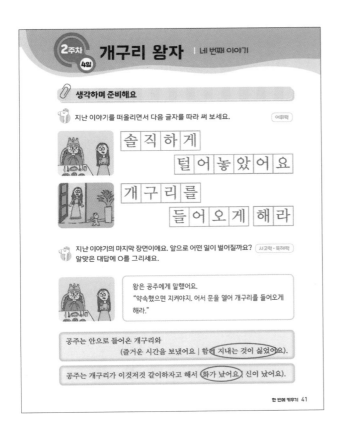

2주차 4일 개구리 왕자 | 네 번째 이야기

생각하며 준비해요

지난 이야기를 떠올리면서 다음 글자를 따라 써 보세요. [어휘력]

솔직하게
털어놓았어요
개구리를
들어오게 해라

지난 이야기의 마지막 장면이에요. 앞으로 어떤 일이 벌어질까요? 알맞은 대답에 O를 그리세요. [사고력·독해력]

왕은 공주에게 말했어요. "약속했으면 지켜야지. 어서 문을 열어 개구리를 들어오게 해라."

공주는 안으로 들어온 개구리와 (즐거운 시간을 보냈어요 | 함께 지내는 것이 싫었어요).

공주는 개구리가 이것저것 같이하자고 해서 (화가 났어요 | 신이 났어요).

한 번에 키우기 41

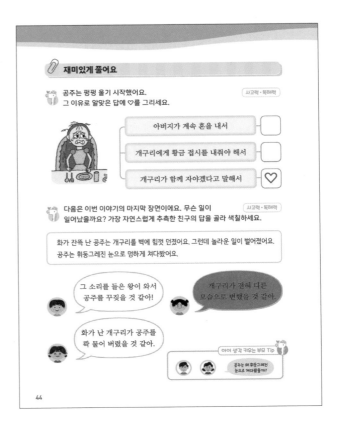

재미있게 풀어요

공주는 펑펑 울기 시작했어요. 그 이유로 알맞은 답에 ♡를 그리세요. [사고력·독해력]

아버지가 계속 혼을 내서
개구리에게 황금 접시를 내줘야 해서
개구리가 함께 자야겠다고 말해서 ♡

다음은 이번 이야기의 마지막 장면이에요. 무슨 일이 일어났을까요? 가장 자연스럽게 추측한 친구의 답을 골라 색칠하세요. [사고력·독해력]

화가 잔뜩 난 공주는 개구리를 벽에 힘껏 던졌어요. 그런데 놀라운 일이 벌어졌어요. 공주는 휘둥그레진 눈으로 멍하게 쳐다봤어요.

그 소리를 들은 왕이 와서 공주를 꾸짖을 것 같아!

개구리가 겪혀 다른 모습으로 변했을 것 같아.

화가 난 개구리가 공주를 확 물어 버렸을 것 같아.

아이 생각 키우는 부모 Tip
공주는 왜 휘둥그레진 눈으로 쳐다봤을까?

44

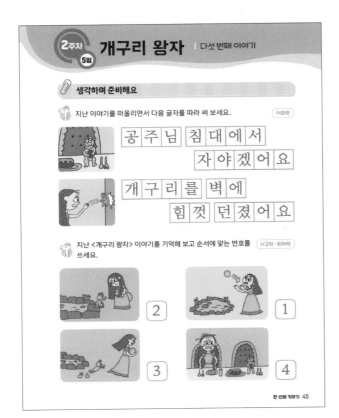

2주차 5일 개구리 왕자 | 다섯 번째 이야기

생각하며 준비해요

지난 이야기를 떠올리면서 다음 글자를 따라 써 보세요. [어휘력]

공주님 침대에서
자야겠어요
개구리를 벽에
힘껏 던졌어요

지난 <개구리 왕자> 이야기를 기억해 보고 순서에 맞는 번호를 쓰세요. [사고력·독해력]

2 / 1 / 3 / 4

한 번에 키우기 45

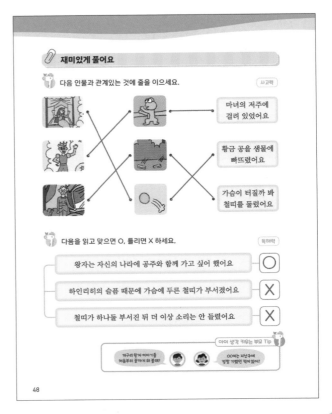

재미있게 풀어요

다음 인물과 관계있는 것에 줄을 이으세요. [사고력]

마녀의 저주에 걸려 있었어요
황금 공을 샘물에 빠뜨렸어요
가슴이 터질까 봐 철띠를 둘렀어요

다음을 읽고 맞으면 O, 틀리면 X 하세요. [독해력]

왕자는 자신의 나라에 공주와 함께 가고 싶어 했어요 O
하인리히의 슬픔 때문에 가슴에 두른 철띠가 부서졌어요 X
철띠가 하나둘 부서진 뒤 더 이상 소리는 안 들렸어요 X

아이 생각 키우는 부모 Tip
개구리 왕자 이야기를 처음부터 끝까지 왜 볼까? / OO이는 지난주에 정말 기뻤던 적이 없어?

48

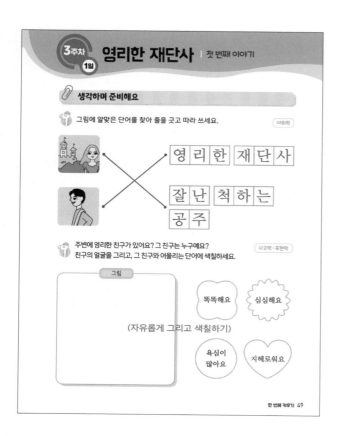

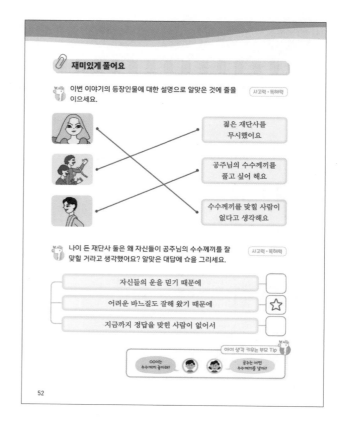

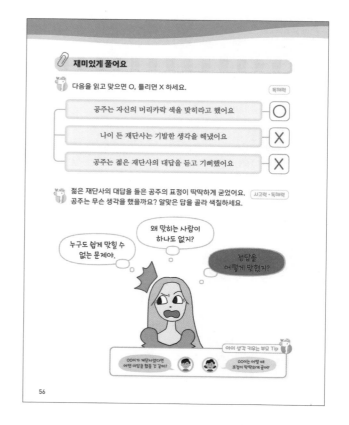

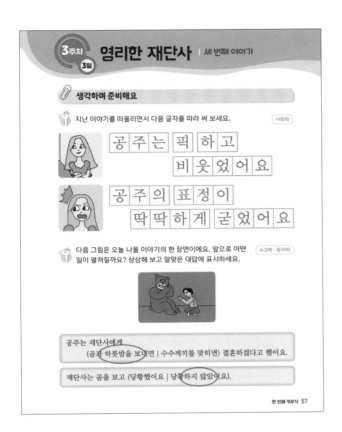

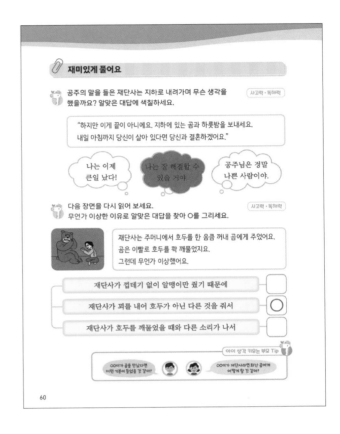

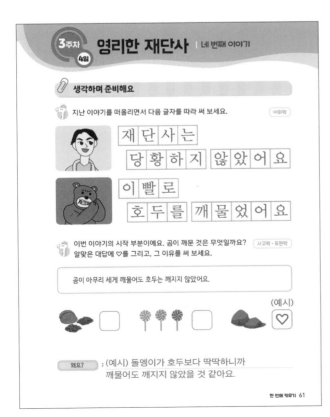

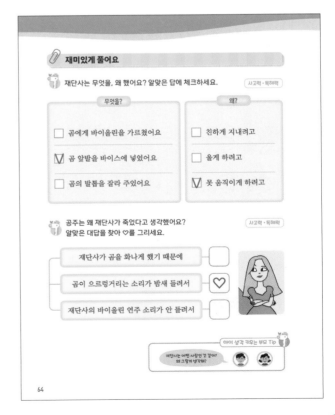

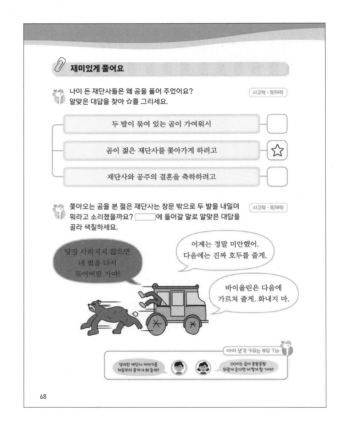

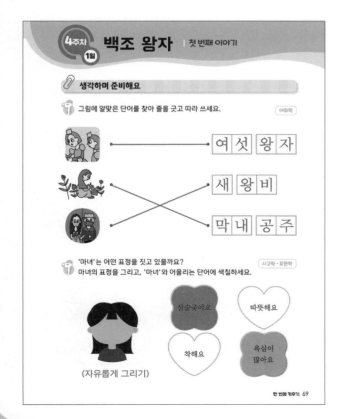

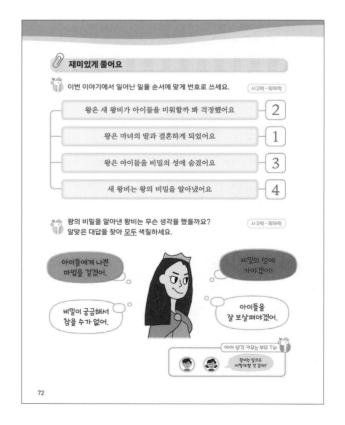

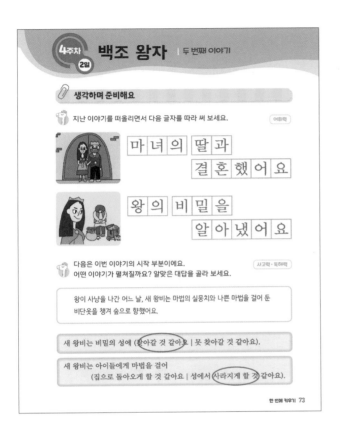

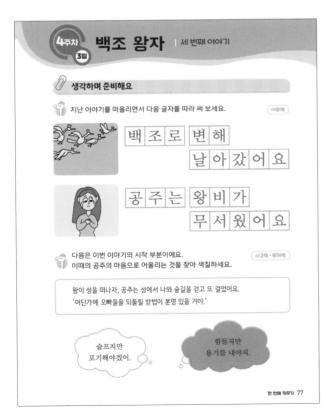

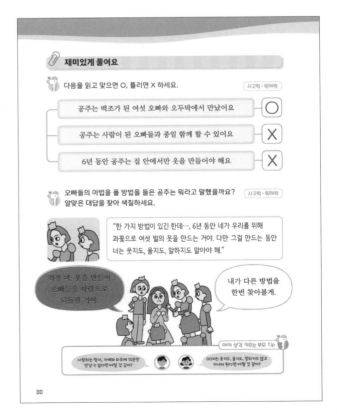

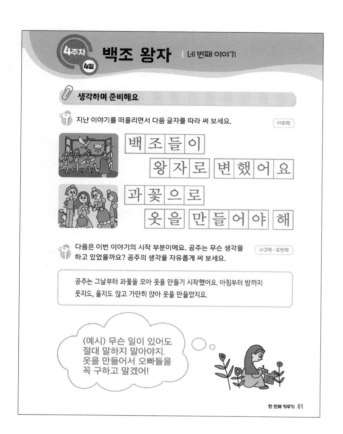

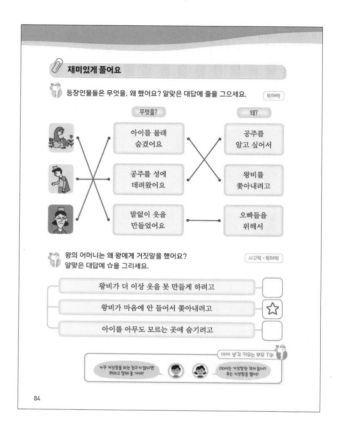

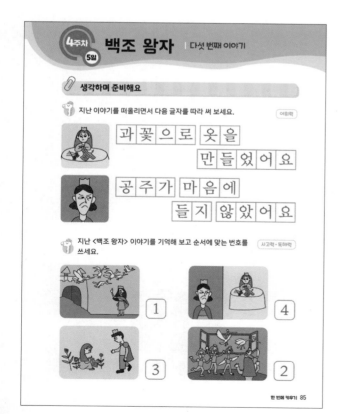

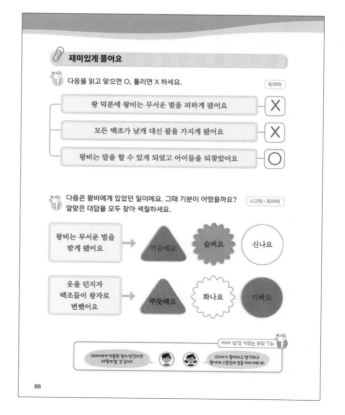